DEIXE IR

Do Autor:

As solas do sol
Um terno de pássaros ao Sul
Terceira sede
Biografia de uma árvore
Cinco Marias
Como no céu & Livro de visitas
Meu filho, Minha filha
O amor esquece de começar
Canalha!
Mulher perdigueira
www.twitter.com/carpinejar
Borralheiro
Ai meu Deus, Ai meu Jesus
Espero alguém
Para onde vai o amor?
Me ajude a chorar
Felicidade incurável
Todas as mulheres
Amizade é também amor
Cuide dos pais antes que seja tarde
Minha esposa tem a senha do meu celular
Família é tudo
Carpinejar
Depois é nunca
Manual do luto
Se eu soubesse

CARPINEJAR

DEIXE IR

3ª edição

BERTRAND BRASIL
Rio de Janeiro | 2025

CIP-BRASIL. CATALOGAÇÃO NA PUBLICAÇÃO
SINDICATO NACIONAL DOS EDITORES DE LIVROS, RJ

C298d Carpinejar
Deixe ir / Carpinejar. -3. ed. - Rio de Janeiro : Bertrand Brasil, 2025.

ISBN 978-65-5838-443-4

1. Ensaios brasileiros. I. Título.

CDD: B869.4
25-100162.0 CDU: 82-4(81)

Carla Rosa Martins Gonçalves - Bibliotecária - CRB-7/4782

Texto revisado segundo o Acordo Ortográfico da Língua Portuguesa de 1990.

Direitos exclusivos de publicação em língua portuguesa somente para o Brasil adquiridos pela:
EDITORA BERTRAND BRASIL LTDA.
Rua Argentina, 171 — 3º andar — São Cristóvão
20921-380 — Rio de Janeiro — RJ
Tel.: (21) 2585-2000

A quem teve a coragem de deixar ir —
e de se reencontrar melhor
do que antes.

Não negue a sua humanidade. Seus limites são uma bênção.

Há pessoas que você não tem como salvar. Há pessoas que você não tem como perdoar.

Não traga para si a responsabilidade daquilo em que não há como interferir.

Nem todo mundo está pronto para ouvir. Nem todo mundo quer ser socorrido.

Deixe ir.

Você não tem como mudar o destino dos outros, por mais que fantasie situações redentoras, por mais que memorize frases lapidares, por mais que faça surpresas ou abdique da sua vida para se mostrar sempre disponível.

Você jura que, mudando as palavras, o desafeto mudará de atitude e irá finalmente compreender e acatar o seu conselho.

Quem nunca passou madrugadas acordado em conversas mentais, obcecadas, fixas, acreditando piamente: *se eu falar isso, tudo será diferente*?

E não foi. Nem conseguiu balbuciar qualquer coisa. Sequer o silêncio é possível na ausência de receptividade. Não existem pausas para encaixar a sua voz. Ela será engolida pela precipitação, pela ansiedade, pela necessidade de se livrar da verdade incômoda dentro de você.

Quando alguém é reativo, não há jeito de se fazer entender. Você apenas se sente mal, constrangido, envergonhado, usado repetidamente.

É um dom do agressor: inverter a situação e se colocar como vítima. Jamais você vai superar essa arte de transferir papéis.

No fim, você se torna ele, ele se torna você, e parece que quem precisa de ajuda é você.

Entendeu o que eu quis dizer?

Você sempre retorna ao lugar da ferida. E o único que sangra é você.

Você é vítima da sua generosidade. A ponto de entregar o que não tem, a ponto de desculpar o que não suporta, a ponto de engolir o que depois fará você empedrar o coração.

Pode atravessar a sua vida almejando ser importante para algum afeto que não dá a mínima para a sua existência.

Nascemos sozinhos, morremos sozinhos. Você não escolheu seu nome, não escolheu seus pais, não escolheu onde morar na infância nem em qual cidade nascer. Grande parte de sua estrutura foi definida por casualidades.

Nosso livre-arbítrio é condicionado, limitado. Só deveríamos nos preocupar com o que faremos daquilo que não escolhemos antes.

O livre-arbítrio vem depois. Bem depois que metade das opções já foi sacramentada.

Trazemos uma herança que talvez nem queiramos.

Meu objetivo é este: você não precisa dessa herança maldita. Você se mantém preso a um adoecimento que não é seu. Você adoece mais do que o adoecido.

Não sei se você já viveu ao lado de uma pessoa diagnosticada como bipolar e que não aceita tratamento. Você experimenta junto a bipolaridade, tendo que ser eufórico no ciclo da euforia, tendo que ser raivoso no ciclo da raiva, tendo que ser taciturno no ciclo da depressão. Depois de alguns anos, você se adapta ao temperamento do seu par, não sentindo tanto a diferença das fases e das luas. Enlouquece de alegria, enlouquece de tristeza. Vai se anulando de tal maneira que se transforma em apenas um reflexo da mutação. Porque confia na ideia de que amor é acompanhar, quando, na verdade, amor é ser contraponto — e, se necessário, se afastar.

Você não vai curar quem não pretende ser curado. Não poderá ir ao terapeuta ou psiquiatra no lugar de quem realmente precisa. Nem tomar a medicação por ele.

Desistir é coragem.

Coragem quando a pessoa não enxerga nenhum problema de convivência. Para ela, está tudo bem. Dentro dela, está tudo bem. O caos é só fora, é só seu. Você jamais conseguirá pensar pelo outro para ajudá-lo.

Quem exclusivamente vive tentando é você. Quem exclusivamente se mortifica, refletindo sobre o assunto, é você.

O outro segue em sua alvissareira inconsequência, como se você fosse um fantasma que se esqueceu de morrer.

Para ele, se você está junto ou não está junto, não faz tanta diferença.

Ele sabe viver tranquilamente sem você.

A dependência atinge quem mais se sacrifica.

Quem nada dá conserva sempre a porta aberta.

Quem nada dá, nada sente.

Quem nada dá não tem o que levar da relação.

Quem nada trabalhou para a cumplicidade está de mãos vazias — e pés leves.

Apenas sofre de saudade quem esteve presente.

Só se importa quem se entregou — e se condói em jogar fora a própria dedicação. É o único que se lembra do tempo perdido. Aquele que não se ofereceu só deseja o futuro.

Ainda que seja longe de você.

Só você valoriza o passado. Um passado inventado, esperançoso, idealizado, que acha que não foi tão ruim assim — e foi pior do que você reconhece.

Já era para ter deixado ir há muito tempo.

Você ameaça ir embora no lugar do outro, porque ultrapassou a sua cota de decência mais do que de paciência. Vem se humilhando. Vem mendigando atenção.

Como o outro não parte, você busca mostrar, com o seu exemplo, o que uma ruptura significaria, o que a distância acarretaria. Talvez esteja sugerindo o que seria uma existência sem você. O que não percebe é que o outro não nutre o mesmo juízo, a mesma valoração.

Estar com você ou não estar com você não é um dilema — muito menos um prejuízo.

Não há como ganhar de quem não tem nada a perder.

Aqueles que ameaçam partir são os que permanecem. Sempre permanecem.

Os indiferentes jamais se preocupam em criar ultimatos. Tanto faz.

Tente recordar os seus momentos felizes com aquela companhia.

São raros. Talvez mais de alívio do que de felicidade.

Você ficava feliz quando nada de ruim acontecia.

Você ficava feliz quando havia paz.

Isso ainda não é felicidade.

Você ficava feliz quando o outro não acordava de mau humor.

Você não conheceu a felicidade — conheceu a trégua de uma guerra de nervos interminável.

Os momentos bons costumam ser esparsos com a pessoa em questão. Talvez um final de semana num mês.

Vale entregar a vida por dois dias de tranquilidade em que apenas não discutiam, ou brigavam, ou implicavam um com o outro?

No restante dos dias, a conversa era difícil, truncada, cansativa. Sempre surgia uma cobrança por causa de uma banalidade, despertando o seu sistema de defesa.

De repente, você já estava se explicando, mesmo sem ter errado.

Já estava se justificando.

Já estava se culpando por ter falado demais.

Já estava se desculpando sem motivo, somente para recuperar o tom pacificado da convivência.

Para não se ver pressionado.

Para não se ver angustiado.

Mostrou-se capaz de assumir a culpa só para reaver o silêncio.

Para que agredir sua natureza?

O risco é jurar que amar é se machucar — e não entender nenhuma forma diferente de proximidade e declaração.

Você se enxergará importante somente no estremecimento.

Quando realiza um balanço do tempo junto, descobre que não conta com nenhum fato no passado que possa verdadeiramente comover ou provocar um suspiro.

Você crê que um dia poderá melhorar.

Resiste por uma esperança de conversão.

Ou seja: está ali por tudo o que não houve.

Não tem o conforto de nenhum episódio.

Não tem o álibi de qualquer recordação arrebatadora.

Você consome o seu futuro ansiando consertar o passado. Ou mascarar o passado. Ou preencher um passado que nunca veio.

Jamais experimenta o presente.

E não atenta para o quanto o passado infeliz cresce — e o seu futuro diminui.

Encurralado entre um passado que sequer existiu e um futuro que nunca existirá.

Entre dois vazios. Transbordando de dois vazios.

Isso serve para tudo: amor, amizade, família, trabalho.

Sempre é o que você não fez. O que poderia ter feito. O que faltou fazer. Você desenvolve a habilidade de se cobrar por tudo o que não recebe do outro. Torna-se uma draga. Continua suprindo a ausência de parceria, enganando-se, operando o máximo para manter o mínimo, sustentando o funcionamento da relação. Não para e não vê, sobrecarregado demais para refletir aonde está indo e com quem.

Jamais confere se há reciprocidade porque não dispõe de tempo para pensar, tão atarefado em correr atrás, e repor suplências, e cobrir distrações alheias.

No fim, você ama por dois. Explica-se pelos dois. Toma iniciativa pelos dois. Cede pelos dois. Só que a sua vida não dobra de tamanho. Pelo contrário, é dissipada por completo. Afasta-se das suas referências, dos seus contatos, da sua rede de proteção.

Você desaparece para o outro se sobressair. É uma ausência absolutamente ocupada em alimentar, e corresponder, e agradar a um monstro de estimação.

Aguarda o reconhecimento, a recompensa, o discurso de agradecimento que não acontecerá.

Os acomodados são os mais insatisfeitos.

Se a pessoa é ingrata — amigo, namorado, cônjuge, colega ou familiar —, não espere o mesmo tratamento que você oferece. A ingratidão é insaciável. Por se movimentar absolutamente sozinho, sustentando a rotina, só você é criticado. Só você erra.

O que você propõe é posto em dúvida. O que você defende é posto em xeque.

O outro tem o prazer de destruir o que você constrói, colocando defeito em suas atitudes, menosprezando o seu círculo de conversas, a sua formação, questionando a sua credibilidade.

Vive à míngua do elogio, da gentileza, numa aspereza própria de inimigo íntimo.

O ingrato é aquele tipo que não sai da inércia. Assiste ao seu desespero e sempre espera o seu pior. Não há gratidão para preservar os seus esforços.

Nunca reconheceu o seu valor, tampouco terá capacidade de mensurar o tamanho de uma possível falta.

Desde o princípio dos laços, prevalecem uma indiferença completa pelos seus sonhos e projetos, um desdém pelas suas concessões carinhosas e pelo tempo que oferta.

Você pode tirar esse ser das sombras, da sarjeta, custear as despesas, incentivar que estude e desenvolva habilidades dele, que se realize profissionalmente, que cuide da saúde e da aparência. Pode ensiná-lo a se vestir, a ter bons modos, pode dividir com ele os seus conhecimentos, partilhar os seus contatos, emprestar o seu brilho. Na primeira chance, ele virará as costas.

A ingratidão é uma traição anunciada, uma deslealdade premeditada. Nenhuma promessa fica de pé. Nenhuma sobrevive. Há uma maneira de antever o comportamento sorrateiro: se a pessoa só pede, e nunca se mostra contente, nunca relaxa, nunca festeja o que vocês alcançaram até então. A ingratidão não tem passado. Não tem história. Não tem respiro. Não tem a dimensão saudável da existência. Não tem saudade do que foi ou medo do que será.

O ingrato se interessa pelo horizonte dele, de modo egoísta. Não repara nos lados. Esquece o que você a muito custo acabou de oferecer para pedir mais.

Você recém finalizou um favor e o ingrato já solicita um novo favor, sucessivamente, numa gincana de expectativas, longe de qualquer louvor. Como se você tivesse que estar disponível para ele, numa dependência de deserto.

Você se exige em excesso, e não sobra nada para si mesmo. Nenhuma hora para relaxar. Nenhum tempo livre para passear, ou arejar a cabeça, ou sair com os amigos. Entra num analfabetismo funcional: não lê mais o mundo à sua volta.

Talvez, só no rápido banho localize um intervalo para o silêncio.

Não há maior solidão do que estar mal acompanhado. É quando você não tem mais o direito de exercer a sua solitude. O outro rouba a sua autonomia, a sua independência, o seu discernimento. Você é interpelado infinitamente, solicitado, interrompido enquanto está concentrado num prazer pessoal. Ninguém pode ver você parado que já pede um favor. Ninguém pode enxergar você no sofá que acha que está ocioso. Ninguém respeita o seu foco, o que realiza naquele instante. Sua profissão é sempre de menor valia. Suas preocupações são dramas e exageros. Como se fosse o provedor de todos. É um desinteresse absurdo por aquilo a que aspira na vida.

Ninguém pergunta se está feliz, se precisa de algo.

Você não existe para si, somente para a usura dos mais próximos.

Adoecemos não quando estamos sozinhos, mas quando não conseguimos ficar sozinhos, por não ter um espaço próprio, um recreio, um período para respirar calmamente e não ser incomodados.

Só é livre quem pode dizer "não".

E não estou falando do "não" para estranhos ou conhecidos.

É o "não" na intimidade.

Pois é difícil e delicado dizer "não" para quem está ao seu lado.

É raro assumir os próprios interesses diante de quem amamos.

Sofremos no cotidiano familiar por tentar fazer tudo junto.

A simbiose acaba sufocando a alegria e o prazer da convivência.

Carregamos limites, manias, crenças. Não dá para desconsiderar a singularidade de cada um.

Precisamos aprender a dizer "não" para os filhos, para o marido ou esposa, para o namorado ou namorada, para os amigos — e entender que isso não muda o relacionamento.

Saúde emocional é permitir a sinceridade sem pessoalizá-la como afronta.

É aceitar que um convite não é uma intimação.

Não há mal nenhum em inventar programas separados. No fim, todos estarão mais felizes, cumprindo o lazer que desejam em suas folgas.

Não é falta de amor. É prova de amor.

Melhor estar junto em pensamento, e ter saudade, do que se forçar a algo.

A bagagem perversa de qualquer união ou vínculo é quando tudo vira excursão, comitiva.

Você decide visitar sua mãe — e se vê obrigada a incluir o marido, os filhos, a casa inteira.

Sacrifica a espontaneidade, as conversas individuais, para manter o jogral desafinado e uma diplomacia litigiosa.

Enfrentará o quarto fechado de um, o atraso do outro, a má vontade do terceiro.

Não se deve transformar encontros simples em cabos de guerra.

Isso abre espaço para barganhas sutis — birra, amuo, vingança.

Se o seu par acompanha você de qualquer jeito, depois irá cobrar.

Prepare-se para os juros e para ser constrangido a ir a um evento que você odeia.

Não pretenda ser herói na própria família.

Heroísmo envolve a posição de mártir — e mártires costumam ser apedrejados.

Não pretenda ser unânime na própria família.

O consenso é inimigo do crescimento.

Quanto maior a proximidade, maior a crítica.

Estar presente é estar vulnerável às queixas.

Blinde-se do exagero. Diferencie o que é justo do que é projeção, o que é pertinente do que é carência.

Os outros nem sempre falam conosco quando falam conosco. Nem sempre é um problema nosso.

Talvez você seja apenas a única pessoa disponível ali — e acabará recebendo o que não é seu.

Você não é o alvo.

Você não é o destinatário da lamúria.

Não incorpore as cobranças.

O alheio não descende do seu íntimo.

Se você está presente, é mais visto, mais analisado, mais contestado.

Há um infindável conteúdo para ser rebatido.

As exigências vão recair sobre você.

As distorções serão frequentes.

Suas opiniões acabarão sendo confundidas com sentimentos — e seus sentimentos, avaliados como meras opiniões.

Trata-se de um contrabando emocional. Uma carga intrusa.

Não passe recibo.

Não autorize o equívoco.

Não se puna.

Deixe a tempestade ir para a cidade vizinha.

Pais que se afastam de seus filhos, que são distantes, que desaparecem com o divórcio, não sofrem as mesmas retaliações contra mães presentes, que assumiram a guarda.

Apenas os ausentes não erram.

Se você passou por uma relação dependente, certamente já ouviu esta frase: "Só eu para aguentar você."

A princípio, a sentença se assemelha a uma jura romântica, a um elogio da tolerância, mas o seu sentido é o inverso: baseia-se no ato de diminuir o outro, tirando-lhe valor, mérito e poder de decisão.

Com "só eu para aguentar você", o interlocutor faz questão de destacar que você é de temperamento complicado, difícil de amar.

Faz questão de apequenar você, controlar os seus horários, espremer as suas quietudes ("o que está pensando?"), domesticar as suas intenções.

Faz questão de apontar que nada do que você realiza é correto, nada do que diz é apropriado, nada do que sonha é viável, nada do que deseja é justo.

Faz questão de mostrar que ninguém mais iria querer estar com você. O envolvimento até parece uma caridade.

O que você festeja como intimidade ("o quanto ele me entende!") é dominação. Seu par começa a falar por você, antes de você, como se soubesse o que é melhor para você mais do que você mesmo, coagindo-o a pedir aprovação para qualquer gesto, licença para qualquer saída.

É uma hipnose disfarçada de telepatia, uma infantilização camuflada de proteção.

Ele transmite a imagem pública de que ninguém conhece tanto você — e se habilita como seu tradutor, seu facilitador, sua ponte com o mundo. Mas tudo isso, em vez da magia da cumplicidade, tem o objetivo perverso e particular de podar a sua existência, de fiscalizar as suas afeições, de amputar os seus espaços, de debilitar a sua iniciativa.

Sem perceber, você não comandará mais a própria vida, numa convivência de natureza coercitiva.

Ele escolherá os seus novos amigos, selecionará aqueles com quem precisa manter contato na sua família, com quem é adequado conversar entre seus colegas de trabalho, com quem é pertinente estreitar os laços. Nunca a sua lista e a dele coincidem. Ele sente medo do seu passado, dos seus conselheiros, dos bastiões da sua coragem.

Nem se separando você está a salvo. As sequelas psicológicas duram muito tempo. É comum até apagar o tormento que foi o seu casamento.

Jamais deve voltar a um lugar de onde se esforçou para sair.

Caso ceda a uma reaproximação, será cada vez mais complexa a fuga. Terá que mudar as desculpas. Amargará o dobro de vigilância, de desconfiança.

Você dá uma outra chance para a relação não porque acredita que a pessoa vai mudar, mas pela expectativa de que ela vai se compadecer de todo o seu sofrimento anterior, de todo o seu sacrifício, de toda a sua renúncia.

Só que ela é blindada, incapaz de se emocionar com qualquer apelo.

Você é tratado como um troféu. Troféu não tem alma. Apenas será exposto na estante. Não poderá se mexer.

Amor não é entretenimento — envolve confissões, círculo de afetos, trabalho. Você traz alguém para dentro de casa, para dentro de sua família. Investe de poder e de autoridade um desconhecido, que começa a opinar, a influenciar, a dividir o orçamento.

Não se brinca com romances ciumentos e possessivos, que vão e voltam.

A primeira reconciliação já sinaliza que há um desacordo evidente, uma incompatibilidade de fundo.

Por que alguém que se mostra infeliz e pretende voltar? Para explorar um pouco mais, para ter seus caprichos atendidos.

Observe que, nas situações de idas e vindas, o casal costuma ser formado por um tipo dominador e um tipo romântico. O dominador nunca está satisfeito, o romântico sempre oferece mais.

O romântico é persuadido a tentar de novo, a ceder, convencido a não desperdiçar uma história que começou tão bonita.

Daí entra o retorno como instrumento para reduzir os espaços do outro, para implantar a tirania, para transformar seu par em um coadjuvante submisso e totalmente disponível.

O dominador rompe por um motivo banal; ao regressar, impõe condições absurdas. Encarece seu passe. O que gerou o desentendimento não vale mais

— é agregado de novas exigências. O romântico paga o resgate e diminui ainda mais o seu valor.

Você se separa, depois reata; bloqueia, depois reata; restringe o convívio, depois reata — e, sem perceber, perde a credibilidade, as redes de apoio, a possibilidade de ser socorrido.

O objetivo é que fique mesmo isolado de tudo, para viver à mercê do relacionamento.

É tanto desgaste, são tantas discussões, é tamanha a energia necessária para ter um dia de paz, que você se esgota até para reagir e se defender. Cansa de se debater e normaliza as censuras. Engole as palavras e se desilude no silêncio.

Se no início conseguia terminar e ir embora, agora não consegue mais sair, não consegue mais pôr um ponto final à grosseria, não consegue mais se expressar, não consegue mais se encontrar com ninguém. Chega a um beco sem saída. Não tem como acessar a racionalidade, é inútil como argumentar com um paranoico.

Não dá para vencer a manipulação, pois quem é dominador cria culpa com facilidade em quem é romântico. Inventa licenças para as maldades.

O dominador comete o pior erro e induz o romântico a cometer um erro menor.

Um exemplo: o dominador pergunta ao romântico se tem mantido contato com um amigo indesejado; o romântico mente que não, para evitar o conflito; o dominador mexe no celular do romântico e printa as conversas.

A partir do pequeno erro (mentir para se proteger), o dominador inverte o jogo e se vitimiza, tornando insignificante sua falha gigante de invadir a privacidade.

O romântico se vê obrigado a voltar como forma de reparar sua imagem questionada. Afinal, não quer a fama de mentiroso. Já o dominador não se importa com o que falam dele.

A dependência se consagra pela insatisfação. O dominador acusa de propósito. Coloca defeito nos mínimos gestos de confiança do romântico, buscando provar que ele é incompetente para se virar sozinho. Nada que ele decide é o certo.

É como um game: a cada reconciliação, você vai passando para uma fase cada vez mais perigosa de maus-tratos.

São desrespeitos que crescem em gravidade, de modo galopante.

Da loquacidade espontânea para os pensamentos seletivos; dos pensamentos seletivos para a mudez; da mudez para o medo de abordar qualquer assunto.

Do grito para o empurrão; do empurrão para o tapa; do tapa para o soco.

Da briga pública para a delegacia; da delegacia para o hospital; do hospital para o cemitério.

Deixar ir é também sobreviver.

Quer se livrar definitivamente de um ex?

Então, faça um exercício, você que somente se lembra das coisas boas e se esquece das ruins, você que está acostumado a perdoar e seguir adiante.

Anote tudo de péssimo que aconteceu no relacionamento.

Abra o caderno toda manhã, para ter sempre em mente os motivos para o término do romance.

Não seja pego por uma falsa saudade. Não seja raptado pela carência. Não seja subjugado pela esperança. Com a distância, tendemos a achar que aquilo que foi ruim não era tão ruim assim. Não custa repetir: era um inferno.

Transcorrida uma década, você terá certeza de que era um inferno. E não entenderá como aguentou por tanto tempo.

Deixe ir o quanto antes.

Nem mencionei o narcisismo, que agrava o quadro.

Se você tem uma mãe ou um pai narcisistas, vão arrebanhar de arrasto os seus maiores bens para descartá-los. Provar que você não vale coisa nenhuma. Criar tarefas e missões para depois alardear a todos o seu fracasso.

O narcisista torna públicas mazelas privadas. Além da incompetência para amar, faz questão de que você não seja amado ou admirado pelos demais. Confissões viram fofocas e indiscrições, segredos são revelados no almoço familiar. Não há como escapar da imolação. Você experimenta rejeição e vergonha ao mesmo tempo. Não tem brecha para gostar de si nem um pouco. Não tem pausa. Não tem sossego.

É duro escrever tal sentença, mas seria preferível ser órfão à penúria de ser invalidado permanentemente.

A pessoa empreende o impossível para anular as suas possibilidades. Ela se fortalece da sua inexistência. Vive dos juros das dívidas emocionais ou das promessas que você fez para ela.

O narcisismo é uma das doenças mais perigosas e sorrateiras da atualidade, pois pode passar despercebido.

Depois de tirar todos os afetos de perto, e obter a sua inteira disponibilidade, o narcisista começa a forjar um sentimento coletivo de que tudo o que é dele é seu. Assim, você trabalha secretamente para ele, não mais para os seus projetos e sonhos.

Ele transmite uma sensação de partilha irrestrita e incondicional, não há mais identidades separadas, não há mais nada a esconder ou guardar. Incentiva a sua entrega total, a sua adesão para a simbiose (você descobrirá depois que só você se doou).

— Somos ótimos juntos. Somos os melhores juntos. Somos incríveis juntos.

É como descobrir o paraíso da confiança, da transparência.

Não tem como não se sentir privilegiado por estar com ele. É como se ele lhe concedesse o favor de participar da história de alguém tão brilhante. Ele jamais faz um elogio para você, sempre é no plural, no coletivo. Você não existe. Só existe para ele, quando está com ele.

Assim, ele destrói a sua identidade pouco a pouco, explorando os seus dons, manipulando as suas fraquezas, usando a sua credulidade e boa vontade para obter vantagens e benefícios, até descartar você.

Afinal, ele emprestou brilho a você. Mas o palco sempre foi dele.

E você ficará, no fim da história, sem nenhum mérito, subitamente deserdado e esquecido.

Qual é o grande trunfo do narcisista? Ele é agradável, atraente, carismático e espirituoso socialmente. Costuma ser bem-sucedido. Jamais alguém vai acreditar naquilo que ele mostrou de ruim na intimidade para você. Será um voto minoritário e vencido.

Pois ele realmente confunde, ri de si mesmo, brinca com os seus próprios defeitos.

Parece que tem consciência de suas limitações, que é psicanalisado, que possui clara noção de sua humanidade imperfeita e de suas falhas no comportamento. Pela autocrítica, ele localiza mais um jeito de só falar de si. Exclusivamente de si. E também um modo de se proteger preventivamente de censuras e senões. Ele se considera perfeito. É insensível a qualquer reparo. Se anuncia seus podres, ainda o faz com vaidade. Como a se vangloriar de ser assim.

Você não se aproxima por quem ele é, mas por quem ele parece ser. Pela sua ostentação.

Esse é o principal problema de envolvimento amoroso com ele. Quando você descobrir onde se meteu, será tarde, já estará morando com ele. Não haverá almoço grátis na lógica dele. Cobrará depois tudo o que der para você, exigindo a sua entrega e a sua doação. Argumentará que se dedicou para a relação acontecer e que agora chegou a sua vez de retribuir. Trata-se de uma troca injusta e insana. Daí vêm as privações, as renúncias, o controle, as solicitações frenéticas, a exploração.

Para o narcisista, a recompensa pelos favores do envolvimento é você deixar de viver a sua vida para viver a dele. Deve anular a sua existência progressivamente para ficar à disposição dos caprichos dele.

O narcisista disfarça a sua pressa com a fachada da atração selvagem e instantânea, com o sonho do amor fulminante, sem reservas, sem concessões, alegando que a vida é curta e que ele não pode esperar para ser feliz ao seu lado, porque nasceram um para o outro.

Repare que ele não mede esforços na conquista. Até parece que é rico. Todo narcisista é perdulário para atingir seus objetivos. Ele oferece passagens, hospedagem, alimentação, todo o conforto. Você não precisa pagar nada.

Ele é capaz de pegar o primeiro avião para passar uma única noite com você, é capaz de cancelar a sua agenda de trabalho, é capaz de elaborar surpresas mirabolantes. Mostra-se perdidamente apaixonado, à mercê de um simples estalar dos seus dedos para surgir na sua frente.

No fim, ele pretende inverter a situação. Ele ensina com o seu exemplo o que ele quer de você: submissão absoluta. É uma projeção do seu interesse. Ele não é desse jeito, encarna um maldito espelho do futuro, reflete como você será daqui a um ano.

A imunidade é a paciência. Ir com calma, ir aos poucos, não acatar os seus pedidos e vontades súbitas, não entrar de carona na sua loucura, aprender a dizer "não" e restringir horários.

O narcisista não aceita ser contrariado. Foge do confronto, que denunciará a sua megalomania possessiva. É contra agir devagar, formar amizade lentamente, alicerçar a convivência no planejamento. Ele anseia arrastar você para perto definitivamente, retardando o máximo possível a identificação da ameaça à sua liberdade. Já com familiares desse perfil, quando a doença mora na sua casa, é necessário garantir distância assim que você obtém a sua autonomia adulta. Não há como seguir com os papéis definidos e obrigações da ternura. Não há como ser melhor amigo deles. Um pai narcisista deverá ser um tio distante. Uma mãe narcisista deverá ser uma tia remota. Suportam-se visitas. De modo nenhum tem como cultivar a cumplicidade diária.

Deixe ir, ou o jugo será eterno.

Você já foi agredido, machucado, já penou por algum abuso, alguma violência? A dor é um dos maiores acontecimentos de sua vida. Um trauma fundador de tantas armaduras e espinhos.

Só que, para aquele que cometeu o ato, configura-se como uma banalidade, sem relevância nenhuma. Esse contraste é assustador. Quem apanha não esquece, quem bate esquece. Para você, é uma crueldade inominável que mexe com os seus ânimos, que acorda os seus medos, que impulsiona a sua taquicardia, que abala a sua confiança. Para a outra parte, é uma falha inofensiva, um momento apenas, um apagão, uma explosão.

Eu já me encontrei, depois de maduro, com antigos colegas que me humilharam na escola. Não se lembravam de nada. Pediam selfies e se diziam orgulhosos de meu sucesso, contando vantagem por eu ter sido colega deles. Eu fiquei atônito. Nem uma reparação, nem uma crise de consciência, nem um "desculpa, foi mal".

Experimentavam uma realidade paralela na nostalgia. O que me leva a concluir que inventaram lembranças. Suas versões atenuantes substituíram os acontecimentos. Não dava para estabelecer uma conversa honesta. Naquela época, como eu não tinha aceitação na escola, eu tentava salvar a minha imagem dentro do lar. Quando eu sofria bullying, sabe o que mais me doía?

Que os pais descobrissem o quanto não era popular, amado, desejado pelos colegas. Eu queria manter a exclusão em segredo. Suportava no osso quando me insultavam de "placenta", "Jason" ou "Freddy Krueger". O que não aguentava era a chance remota de que meu pai ou minha mãe ouvissem algum dos apelidos e desvendassem, pelo tom zombeteiro, o motivo de eu ser chamado daquele jeito horrendo.

Odiava que me buscassem na escola. Inventava o escambau para regressar sozinho. Usava as mais extravagantes desculpas. Alegava independência, autonomia — mas, no fundo, tudo se resumia ao medo de ser desmascarado.

— Não me façam surpresas — advertia.

Estava pronto para a sinceridade das ruas, jamais para a honestidade em casa. Fugia da última etapa do confronto. Acreditava que perderia a admiração dos pais e ganharia sua inconsolável piedade.

Passei a praticar o autobullying, a ocultar as chacotas, as agressões, as humilhações recorrentes.

Ligava o modo de sobrevivência e parcelava as agruras: um dia de cada vez.

O recreio, tão esperado por todos, acabava sendo temido por mim.

Aquele intervalo — alegre para os demais, com o respiro das atividades e das provas, com a algazarra da manada livre — mostrava-se um desafio altamente opressivo.

Se eu ia para o refeitório, roubavam a minha merenda.

Se eu comprava algo no bar, derrubavam o meu lanche.

Se eu tentava me aproximar de uma roda de conversa, as pessoas se dispersavam.

Se eu aparecia para jogar bolita ou bola, a turma começava a me exigir um trote em troca: que dançasse ou arrotasse, para rir de mim mais um pouco.

Ainda havia a possibilidade de baixarem a minha calça quando eu andasse distraído, ou me empurrarem quando estivesse de costas, para simular um tropeço, gritando: "Olhe por onde anda!"

Eu me sentia contagioso. Minha feiura era contagiosa. Minha língua presa era contagiosa. Minhas botas ortopédicas eram contagiosas. Minha aparência, com as roupas largas herdadas do irmão, era contagiosa. Meu cabelo espetado de manhã, em completo redemoinho, era contagioso. Existir era contagioso.

Para reduzir os danos, eu me isolava no cativeiro da sala até a sineta soar o fim das brincadeiras. Eu mesmo me punia. Ficava lendo a sós. Sempre li para me isolar do perigo. O livro: meu escudo da invisibilidade. Com os braços cruzados sobre a mesa, dava colo para a leitura. Ou talvez a leitura é que desse colo para mim.

Lembro-me do meu vazio existencial diante de duas perguntas da família. O par inofensivo de questionamentos, parte da natural curiosidade de quaisquer pais, abalava-me profundamente.

— Você fez amigos hoje?

— Você tem namorada?

Eu me silenciava.

Eles achavam que eu escondia o jogo, que não abria caminho para a indiscrição. Nunca cogitaram que seu menino afetuoso e dócil simplesmente não poderia ter feito amigos.

Mas, pai e mãe, hoje eu me permito falar: não tinha amigos. Demorei para ter.

Por isso, nos primeiros três anos da escola, jamais levei um colega para conhecer nossa casa, para almoçar ou estudar. Jamais vocês me viram acompanhado. Jamais realizei trabalhos em grupo (restava-me a solidão da tarefa). Jamais fui convidado para aniversários e festas. Jamais pedi carona ou dinheiro para ir a um passeio.

Desde lá, eu aprendi a ser a minha única opção.

Os colegas tentavam aplicar em mim simpatias da gagueira nada simpáticas: pregar sustos, fazer-me correr em fuga, obrigar-me a ler em voz alta bulas de remédio com expressões médicas que soavam engraçadas pela minha pronúncia errática.

Eles não queriam que eu melhorasse; queriam rir das minhas limitações.

Foi um período de provação que me fez entender o quanto a maldade é banal. Eu não era levado a sério. Terminava visto como o louco da sala de aula, o palhaço involuntário, o garoto desengonçado, o menino elefante, o sem futuro, o patinho feio — recrutado à força para humilhações em praça pública.

Nunca troquei de escola, de sala de aula. Não existia essa possibilidade de remanejamento na minha época espartana. Precisava me adaptar dentro de mim. Passei a dedicar horas semanais à fonoaudióloga, procurando mitigar os danos. Naqueles momentos, na paz do consultório, com a porta trancada, eu tive o primeiro contato com a infância em minha vida. Ali, conseguia brincar livremente, sem ameaças externas.

Quem sofre não tem infância — amadurece precocemente.

No início, estranhei os métodos, já que estava tão acostumado a desconfiar de todos.

Zulmira pediu que eu usasse bico. Zulmira pediu que enchesse balões. Zulmira pediu que soprasse língua de sogra na frente do espelho.

Eu olhava para ela e perguntava:

— Tem certeza disso? Eu não deveria estar me tratando? Não deveria ser curado em vez de perder tempo com brincadeiras?

Ela me ensinava:

— Você não está doente. Não há nada de errado com você.

Não sei explicar direito, mas a medicação dela funcionou: a confiança.

Eu comecei a confiar em mim, a treinar leituras de noite para falar o básico.

Uma conversa trivial na rua exigia minha completa concentração.

Enquanto os mais próximos se comunicavam facilmente, eu possuía a noção de que cada frase inteligível que saísse da minha boca seria uma vitória pessoal.

Ninguém notava quando eu acertava, só quando errava.

Não daria para me comparar aos meninos da minha faixa etária — unicamente eu festejava as minhas vagarosas correções, o quanto evoluía secretamente.

Para mim mesmo.

Você realmente acredita que pode desistir de um sonho?

Ele volta, sempre volta.

Para o sonho, não há tempo.

Ao cabo de décadas, seu sonho não terá envelhecido — só você.

O sonho estará com o rosto intacto da primeira vez em que foi sonhado.

Ele se mantém com a feição preservada desde o seu surgimento.

Sua vitalidade se encontra nele. Sua gana de tentar.

Se você para de sonhar, você desiste de tudo — não apenas do seu sonho.

Ele é o alicerce da sua personalidade, da sua insistência, da sua teimosia.

O sonho é necessidade mais do que opção.

É dor sarada. É cicatriz da superação.

Emerge de experiências amargas, por ter sido subestimado e inferiorizado um dia.

O sonho é um sim que atravessou inúmeras negativas.

Você tem um dom porque sofreu por ele — e decide exercê-lo para que ninguém mais sofra como você.

Já vi pessoas convictas de que poderiam enganar seus projetos.

Trocaram de profissão, fingindo que não se importavam em fazer aquilo de que não gostavam.

O disfarce não dura muito.

Após alguns anos, você vai encontrar um jeito de retomar seu sonho.

Casamentos terminam quando não há espaço para o sonho.

Cidades encolhem quando não há espaço para o sonho.

Não estar com ele é o equivalente a colocar todas as suas roupas numa mala: sem cabides, sem gavetas, sem organização do que realmente está disponível dentro de si.

Teria motivos de sobra para me esconder numa timidez cadavérica, sombria, calando-me para evitar zombarias. Mas minha mãe me contou a história de Demóstenes (384 a.C.–322 a.C.), e seu exemplo mudou meu ânimo, minha alma.

Demóstenes era terrivelmente ridicularizado pela gagueira.

Enfrentou o problema declamando poemas contra o forte vento na praia, a cada amanhecer.

Se errava, corria quilômetros a fio. Aplicava o castigo físico para ensinar seu corpo a acertar.

Quando já transpunha sua limitação, passou a colocar pedras na boca para ler diante do barulho das ondas. Tinha que se ouvir apesar do rugido ensurdecedor do mar.

Depois de um treinamento solitário, que consumiu sua adolescência, Demóstenes se tornou o maior orador da Grécia.

Se hoje eu falo na rádio e na televisão, se hoje eu sou escritor, se hoje parece que nunca errei, é porque devo tudo a Demóstenes — assim como Demóstenes devia tudo a Calístrato, tribuno invencível que ele testemunhara quando garoto.

Somos espelhos do que escutamos ou lemos.

As adversidades são enviadas pelo próprio sonho, para que estejamos preparados para cumpri-lo.

Por isso alguns sonhos demoram a acontecer.

Eles acontecem quando estamos prontos para eles.

Podemos até desistir dos nossos sonhos.

Mas os nossos sonhos jamais desistem de nós.

Eu percebi que o santuário da recordação pertence às vítimas. Os agressores não têm memória. Lembrar é sofrer. E eles não querem sofrer. Estão habituados à prática da impunidade dos pensamentos. Cometeram bullying na infância, mas reclamam do bullying que o filho sofre na escola. Suas vozes são desprovidas de ecos. Não retrocedem para a raiz da epidemia.

Ainda mais quando a violência é psicológica, e aparece disfarçada pelos contextos.

A chaga é um isolamento. As cicatrizes nunca estão nos agressores. Deveriam estar. Deveriam nascer cicatrizes ao mesmo tempo naqueles que nos machucam. A violência é uma irracionalidade sonâmbula, que não consta nas razões despertas de viver de seus praticantes.

A empatia não é possível.

Na série *Pacto Brutal*, que documenta o assassinato cruel da atriz Daniella Perez, em dezembro de 1992, o ator Fábio Assunção conta que foi visitar o colega Guilherme de Pádua na prisão, assim que aconteceu o homicídio, absolutamente descrente da tragédia.

Fábio perguntou: "É verdade?"

Guilherme respondeu: "Acabei com a minha vida."

Ele tinha matado Daniella com 18 punhaladas e só pensava em si, na sua vida. Tinha tirado a vida de alguém e só falava da sua vida. Tinha ceifado uma jovem de 22 anos, uma das mais promissoras atrizes da nova geração, e nem assim conseguia se colocar no lugar dela e sentir um pouquinho da dor de uma família.

A amnésia da crueldade e do horror por quem os cometeu me põe a raciocinar que há situações que não merecem o nosso perdão. Nem tudo pode ser perdoado. Nem tudo merece o nosso perdão. Vai perdoar um pai que o abandonou, que cometeu alienação, e que agora surge de inopino, sem explicação, ansiando ser próximo?

Paternidade é criação. Dividir o teto não garante proximidade, o que assegura o elo é dividir o destino. No máximo, será um conhecido. O DNA da ternura é mais decisivo do que o biológico. Já notou o quanto filhos adotivos amados são semelhantes com os seus pais de criação? O mesmo olhar, o mesmo andar, a mesma forma de falar. Não tem como desconfiar de que não são da mesma carne. Os traços mudam de acordo com a adoração ou com o aconchego. Não se trata de herança física, mas de legado emocional, mais profundo e penetrante na essência. O filho deseja se parecer com os pais. Escolhe se parecer com eles. Herança é o que você recebe depois da morte, legado é o que você opta por ser em vida.

Vai perdoar uma deslealdade que prejudicou seriamente a sua carreira? Um boato envenenado de inveja? Vai perdoar uma infidelidade que aniquilou a sua confiança e o tornou vulnerável, que os conhecidos sabiam — menos você? Você não se perdoa por não perdoar, num suplício vitalício, enquanto a parte interessada nem recorda o próprio erro.

Antes de tudo, o perdão tem que ser conquistado, tem que ser merecido. Não pode ser concedido de qualquer jeito, banalizado pelo afã de promessas. Exige-se empenho e atitudes definitivas. São raros os que realmente se transformam e se esforçam para obtê-lo.

Cabe assimilar que há situações na vida que você não tem como perdoar. Resta seguir adiante, continuar caminhando. A chuva lava a ferida e o vento a seca.

Deixe ir. Que Deus perdoe. Que o tempo perdoe, não você. Você não tem obrigação nenhuma com esse mal-estar, com esse fardo, com esse peso.

Continue caminhando, mas não procure ultrapassar os seus limites. Pagará um preço altíssimo ao tentar se convencer de que aguenta a mágoa, de que irá superar o ressentimento. Poderá retomar o convívio e não abandonar interiormente a cena do vexame e do desalento. Não irá mais para a frente. Estacionará no rancor. Não dê um perdão que você não acha justo, que você não suporta, que fere os seus princípios, só porque você jura que com isso vai se libertar do passado, que com isso será uma pessoa melhor.

Todo perdão a contragosto é se esfolar. É se negar. É fingir que você não foi impactado pela decepção, dissimular que não foi grave, que será o mesmo de antes. E, se quiser perdoar, não fique junto — desligue-se de quem lhe causou dano. Perdoar não é fazer reboque, puxadinho, trazer consigo, seguir com uma irreal normalidade. Perdoar é virar a página — e talvez fechar o livro.

Você está dizendo que releva o erro, porém não quer mais tal conduta na sua vida. Você encerra o ciclo. O perdão é quando você fecha um ciclo da sua existência. Você não será mais magoado por aquela figura.

Se você perdoar e permanecer junto, será posto à prova novamente. Porque todo mundo interpreta o perdão como um excesso de tolerância. Ao perdoar um beliscão, ele vira um tapa. A reincidência aumenta a opressão. É como se ampliasse a tirania. As exceções se transformam em novas regras.

O ato de perdoar não significa necessariamente reconciliação ou retomada da relação, mas a liberdade de procurar novas fontes de luz e energia. Reforça seu nível de exigência, seu caráter. Você empregará o antecedente como pré-requisito. Repetir a escuridão não serve.

Perdoar não é manter pessoas tóxicas ao seu lado — é compreender que o acerto de contas tem a ver com elas, e não com você. Não é passar uma borracha na escrita dos acontecimentos, não é relativizar seu sofrimento.

Precisamos absorver dois mandamentos sagrados de convívio:

- Se a pessoa não merece continuar ao seu lado, deixe ir.
- Tampouco permaneça onde você não é desejado.

No romance em que você insiste em ficar, talvez você pense que está lutando pelo amor da sua vida — e somente está perdendo o seu valor. Pois se aproxima da autocomiseração.

Na amizade que você insiste em reatar, jamais terá certeza da sinceridade dos laços. Porque é você que sempre cede, em investidas desesperadas. Não esperou a passagem do tempo para, enfim, descobrir o quanto é secundário e coadjuvante, o quanto não é uma prioridade, o quanto o seu antigo amigo já recrutou novas parcerias.

É sempre você que contemporiza o engano — e se desvaloriza. Não tem como dar certo. Só estarão lado a lado pela sua insistência: não se completam, não se encaixam, não têm uma frequência de objetivos e humores em comum.

Afeição não pode ser unilateral. Até porque afeição é atenção.

Não existe amor demais — existe amor de menos. Não existe amor demais — existe amor necessário, amor essencial, amor crescendo.

Não se convalesce de uma desavença pela presença sufocante, mas pela solidão reflexiva e pelo distanciamento. É fundamental sair de perto para a mudança de hábitos.

Deixe ir.

Não conseguimos nos enxergar sem alternância. A vida não é uma linha reta. A linha reta no monitor é óbito. Num único dia, haverá angústia, entusiasmo, tristeza, apreensão, alegria — um fluxo constante de sensações. Talvez num único minuto.

O equilíbrio que nos pedem é apenas para darmos menos trabalho. Vejo como uma consequência da cultura da dominação: para que você se torne previsível, apático e controlável. A sociedade do Rivotril odeia quem foge ao padrão, quem é ousado, quem não se mostra programável. Não se é equilibrado nunca. É uma busca, não um estado de espírito fixo.

Eu recebi um diagnóstico de retardo mental aos sete anos. A escola se recusou a me alfabetizar. Minha mãe assumiu a tarefa e me ensinou a ler e escrever a partir de jogos educativos na calçada, na frente de casa. A pedra foi o nosso giz. A laje foi a nossa lousa. Nem percebia que estava aprendendo, achava que brincava com a minha mãe de colocar palavras dentro de palavras, num mosaico divertido. Ela alterou o foco da dificuldade, atiçou a minha sensibilidade — que hibernava pela resistência aos métodos formais de ensino — e acelerou o meu raciocínio. Em dois meses, retornei à escola lendo e escrevendo melhor do que os meus colegas.

A tendência é supor que o diagnóstico estava errado ou que superei o retrato disfuncional, num completo capacitismo. Mas gostaria que fosse admitido que nunca mudei de condição. Meus méritos decorrem das diferenças. Elas podem ser vistas como aberrações, porque incomodam o andamento coletivo apressado, ou como dons, exigindo um atendimento personalizado.

Creio que não me curei de nada, apenas potencializei o que já tinha em mim: o desequilíbrio me ajudou a voar.

Não tem nada errado em não ser como todos. O padrão é que nos enferma.

Aquilo a que se deve aspirar é autenticidade. Conhecer-se de tal maneira que você não represente nem uma ameaça para si, nem para o outro.

Você já teve um pressentimento de que iria discutir com alguém próximo? Pois é, costuma acontecer. E o que é mais estranho é que não reparamos que a discussão acontece antes da conversa. Você está previamente inclinado (e tensionado) a discutir por bobagem. Não escuta, não traduz os níveis de linguagem. Absorve toda brincadeira como uma ameaça, como uma invasão de espaço.

Em que situação é possível antever que estamos assim?

Quando estamos nos explicando demais. Quem se explica demais está se defendendo — está se portando como acusado.

Você acaba se desentendendo simplesmente por não se encontrar num dia bom, num dia leve. Com alguma dificuldade que não assentou, com emoções confusas, com uma pendência financeira, insatisfeito com um nome em específico, e desconta em quem está mais próximo. E sequer imagina que está descontando. Parece que a briga surgiu na conversa, mas não: partiu já da sua indisposição em conversar. Você deveria ficar na sua e não falar com ninguém.

Quando você tem esse pressentimento, é a sua intuição recomendando silêncio. Você precisa conversar primeiro consigo mesmo. Você precisa se entender. Você precisa conter a adrenalina.

Ou espalhará a sua tristeza. Quando você está um caco, lembre-se de que cacos ferem. Quando você está à flor da pele, cuide do seu jardim.

Você pode estar falando com a pessoa mais dócil da sua vida, com a pessoa mais otimista, com a pessoa mais centrada — não importa, discutirá de qualquer jeito.

Porque você já está discutindo consigo de qualquer jeito, num processo de desvalia. Você já está incomodado. Estenderá seus tentáculos de unhas afiadas em peles macias.

Não fez seu dever de casa: parar para refletir de onde vêm a energia turva, o conflito.

Tudo vai repercutir em você com o dobro de intensidade. Tudo vai soar como se fosse uma acusação. Somos mais literais nessas horas. Não entendemos metáforas e piadas. Tem dias em que não dá para ser sociável. Tem dias em que você não está propício a evocações e digressões. Tem dias em que você não é capaz nem de receber um elogio. A rua será um convite para atropelar ou ser atropelado.

Gestos como recolher-se, admitir as fronteiras, ser didático com os amigos e amores, aprender a dizer "não" sem culpa, formam um repertório de autoproteção.

Há pessoas que têm paciência para ler bula de remédio e evitar efeitos colaterais, que têm calma para acompanhar manual de instruções e montar objetos e aparelhos — mas não são capazes de fazer terapia para saber como elas mesmas funcionam.

Eu não abro mão da terapia semanal. É por onde vou me conhecendo.

Não porque resolvo os problemas nela, como é comum acreditar, mas porque aprendo a conviver com os problemas — e não mais me alieno das minhas emoções.

Talvez esta seja a minha maior descoberta:

Nem tudo eu preciso consertar de imediato.

Nem tudo eu preciso decidir na hora.

Nem tudo eu preciso solucionar no momento.

Nem tudo eu preciso perdoar ou culpabilizar, adotando um lado.

Existem apreensões e angústias de que não conto com o total discernimento. A sucessão dos dias vai me ajudar a compreender. A maturidade vai me ajudar a ser sábio. Caminhadas vão me ajudar a determinar o porquê de eu me sentir tão magoado com o fato.

Afasto-me.

Coloco aquele sofrimento num quarto e fecho a porta. Desfruto do restante da casa, habitando os demais aposentos. Quando estou preparado, volto e reinauguro o espaço para organizar a bagunça. Ou nem preciso retornar, nem preciso mais me preocupar. O que não me serve no presente não tem que me monopolizar.

Eu me despeço da ansiedade que me levaria ao descontrole. Não mais amargo a preocupação de ter que esclarecer o ocorrido para continuar com a rotina. Não fico empacado. Não estaciono no rancor.

Nosso impulso inicial é nos defendermos — e nos defendemos atacando. Então, suspendo o choque até digeri-lo.

Passei a me proteger de mim.

Se você brigou com um amigo, ou com a esposa, ou com o marido, ou com um familiar, apenas dispense o desgaste do enfrentamento.

O ódio nunca faz parto natural — apenas cesárea.

Não queira ser importante salvando todo mundo. Seja importante salvando-se do caos do mundo.

Tranque o cômodo.

Por não estar diante de um caso de vida ou morte, por combater o extremismo fulminante — por esse mínimo detalhe —, você já está se curando.

Você não delegou a ninguém o domínio da sua existência.

Puxe para si o lembrete de Sartre: "Não importa o que fizeram de mim, o que importa é o que eu faço com o que fizeram de mim."

Sou a primeira geração da família que realizou terapia. Meus pais não se sentaram no divã. Meus avós, muito menos.

Acumulavam-se, então, assombrações e recalques de três gerações. Demorei a desembaraçar o que era a minha inaptidão do que era complexo dos meus antecessores. Tudo estava misturado, calcificado.

Para entender a importância de se ouvir mediante a presença de um terapeuta, organizar as suas urgências, priorizar as suas atitudes, imagine o seguinte: quem faz terapia conversa com 5G emocional. Baixa os arquivos com mais facilidade, executa os downloads automaticamente, abre o seu coração com velocidade. Digere mágoas e ressentimentos, desfaz sombras e ruídos, porque a conexão é outra consigo mesmo. Está habituado a falar de si, a se expressar. Não duvide de que seja dotado de uma tecnologia hermenêutica. Não levará o que foi dito ao pé da letra ou para o lado pessoal. Possui barreiras que filtram as opiniões alheias.

Já quem não faz terapia tem uma lentidão para a compreensão, um delay de processamento.

É reativo. A conversa não chega nunca. A alma trava. A foto e o vídeo não baixam. Está respondendo a algo antigo que já foi sobreposto por nova caixa de mensagens. Entende tudo errado, distorce. Exibe-se contrariado, com extremismo injustificável. Amaldiçoando. Bloqueando. Xingando. Ofendendo. Não desfruta de paciência, a ferramenta mais poderosa que existe. Como não enxerga o conjunto, amplifica detalhes.

A terapia traz um discernimento como se fosse uma outra conexão, uma internet da mente em que você está muito mais autocrítico e humilde. O 5G da terapia permite que você acolha o contraditório e o contraponto com mais otimismo, selecionando o que presta, exercendo a triagem. Possibilita que utilize a seu favor o que as pessoas enxergam de você para evoluir, e dispense o que não considera pertinente. Aquele que não se estuda, mofado no 3G, começa a reclamar dos demais e condená-los, como se a dificuldade ocorresse externamente, não internamente. Os incompreendidos são os que não se escutam. Quem tem que ilustrar e exemplificar o seu sentimento é você mesmo. Não dependa de terceiros.

Só comecei a escrever porque ninguém me ouvia. Apanhava para ser ouvido. Não tinha chance de falar. Minha articulação era demorada. Língua presa, céu da boca estreito, defeitos fonoaudiológicos de fabricação: trocava os sons das palavras. Restava-me a paciência do papel, não a dos meus interlocutores sociais. Corria o risco de ser debochado antes de ser entendido.

Passei a redigir cartas para as meninas que admirava. Para os irmãos. Para os colegas que apresentavam uma dose de compaixão. Agradecia as migalhas de escuta e esforço.

Meu primeiro diário foi feito de cartas. Arrancava as folhas para entregar aos outros. Apenas ansiava ser amado. A carência se enraizou em mim.

Demorei para me amar.

Demorei para me aceitar.

É difícil se amar e se aceitar perante o espelho dos outros.

Eu me sentia feio, inadequado, inoportuno. O maior elogio que eu recebia era: "Você não é tão feio quanto me disseram." Recebia apenas um desconto: não era "tão feio", mas continuava sendo feio.

Tal condicionamento fez com que eu tivesse medo de ser abandonado — medo que marcou todas as minhas relações até os quarenta anos. O carente sempre desconfia de que será passado para trás, rejeitado, posto de lado. O carente vive aguardando a eclosão da decepção, por isso é tão chato, tão insistente, tão romântico.

Suas juras são preventivas mais do que honestas.

Eu mantinha a convicção de que qualquer namorada só estaria comigo por desinformação.

Logo descobriria a verdade e me largaria.

Um dia acordaria, e veria quem está ao seu lado, e arrumaria uma desculpa para se despedir. Não tive encontro em que não temesse a despedida desde o princípio.

O medo me construiu e armou alçapões sob meus passos. Avancei sempre com a iminência de ser tragado de volta ao fundo da terra, ao pântano do isolamento que eu havia amargado na escola — a queda é recorrente em minha história.

Ao gostar de alguém, eu bajulava com intensidade, para não dar tempo de minha soma de deficiências ser detectada.

Nenhum relacionamento poderia vingar sob a égide do meu terrorismo psicológico. Não havia calma para formar intimidade, apenas alarido e apreensão. Como dar certo vivendo o suspense pelo erro?

Eu explico para que você possa entender quem sou. Falo sobre meus estigmas. Meus descaminhos. Minhas virtudes decorrentes deles. Como buscava desesperadamente me antecipar a todos, meu desamparo exercitou uma mediunidade. Mediunidade se manifesta em quem sofreu. Eu lia mentes antes da fala. Talvez para ser acolhido. Ou talvez para amparar. Não sei qual intenção veio primeiro. Ou se não era somente destino. A vulnerabilidade é um destino. Isso agravou a minha aceitação externa. Acreditava que estava agradando, mas assustava ainda mais.

Como explicar que adivinhava o nome dos pais, as profissões, os lutos, os acidentes?

Um filme passava pela minha cabeça, em decorrência de um excesso de foco na pessoa.

Eu me concentrava nela com absoluta presença e enxergava suas emoções.

Fui percebendo dores antes mesmo de realmente pensar. As dores se apresentavam como certezas incontestáveis. Nem desconfiava. Quando via, já tinha dito alguma coisa, provocando estupor: "Como você sabe?" A paranormalidade é destinada a quem fracassa em ser normal.

Absorvo tanto a vida que não há como recusar estímulos.

É como se eu não contasse com anticorpos: tudo machuca e estremece.

É como se me conectasse a uma frequência de rádio que ninguém escuta. Ruídos são decodificações de vozes para mim.

É como se o cotidiano fosse transcendente, rico em milagres, promissor de duplos sentidos.

Sou aluno das coincidências. Como não sei o que vai acontecer, espero tudo. Para quem espera tudo, não existe acaso.

Há uma humildade perante os sinais. Minha alfabetização ultrapassa a escrita. Meus olhos descascam superfícies como se fossem laranjas.

Um pássaro pousa na minha janela, e leio como uma materialização da saudade. A realidade física não cessa de ecoar a realidade espiritual.

No luto, jamais nos separamos por completo de quem amamos: as almas ainda se procuram. E conversam.

Nada mais é o que parece. Sempre surge uma lembrança por trás da experiência.

Uma estrela-do-mar não é mais somente uma estrela-do-mar: é prova da presença do ente querido por perto, numa ligação que se mostra exclusiva e atemporal.

Você não para de receber aproximações e conforto. Você vive sendo surpreendido por visitas.

Coloco na balança três fatos fundadores para a expansão da minha sensibilidade, atingindo uma zona invisível de expiações:

— A dificuldade de aprendizagem, que imprimiu em mim as diferenças.

— O bullying, que me afastou dos vivos.

— Ter caído numa cova aos cinco anos, o que me aproximou dos mortos.

Numa visita ao túmulo do meu avô Leonida, em Guaporé, fugi da comitiva familiar no momento da reza e escorreguei numa cova aberta. Fiquei horas e horas ali, sem ser encontrado, percebendo-me morto. O buraco era muito alto para subir. Só fui resgatado à noite. O desespero que passei jamais saiu de mim.

Houve efeitos colaterais no meu sono, na minha capacidade de confiar e me sentir seguro em lugares apertados. Adquiri vertigem. Vem daí minha indisposição com quem segura meus pés. Sequer consigo dormir de meias.

O marco de eu ter me sentido precocemente morto dissolveu a névoa dos limites entre o céu e a terra.

Eu me sinto humano antes de me sentir vivo. O que me interessa é a experiência humana além do tempo.

Tudo começou a aparecer com nitidez para mim quando recebi em sonho minha avó paterna. Ela me entregava um telegrama. Ela faleceu na manhã seguinte. Estava escrito: "Terei paz."

Eu pressinto partidas. O cheiro do ambiente muda com o odor adocicado de rosas antigas na água. Já não me surpreendo. Já não estranho. Já admito o que a vida fez de mim, e me orgulha o que eu fiz dela.

Não há maior nudez do que a sinceridade. Posso ajudar os outros a não se verem mais presos nas expectativas.

Deixe ir.

O que é seu volta: livre para voltar.

O que não era seu foi livramento.

Inicie um processo de se perdoar com mais naturalidade e com mais frequência.

Você brigou com alguém.

Você foi surpreendentemente duro.

Você disse palavras ásperas e ingratas.

Você explodiu de raiva.

Desandou a gritar grosserias.

Escapou do seu prumo e equilíbrio habituais.

Falou de cabeça quente.

Em seguida, essa pessoa morreu num acidente ou por um problema de saúde desconhecido.

A tendência é contrair uma culpa imensa: de não ter se despedido direito, de não ter sido justo, de não ter sido sensível.

Parece que seu afeto morreu brigado com você, pensando o pior de você, levando mágoas na bagagem.

Mas jamais vamos nos despedir direito. Nunca teremos controle sobre o tempo de cada um. Nunca cogitamos o fim próximo.

O último momento não é determinante como supomos. O que vale é o conjunto da obra, da amizade. O panorama integral da cumplicidade, o que você e o falecido fizeram na constância do passado, o que adquiriram de lucidez e arrebatamento lado a lado.

O desentendimento foi um fragmento irrisório, um instante passageiro, efêmero, insignificante diante de tudo o que já alcançaram juntos.

Não deveria pesar como uma súmula. Não deveria ser considerado um episódio decisivo.

Um desfecho confuso não apaga a felicidade anterior.

O medo de ter falhado cresce devido à nossa fragilidade. No luto, somos suscetíveis a qualquer lembrança — boa ou ruim

—, comprometendo nossa capacidade de julgamento.

Detalhes nos perturbam, criam ressentimentos, geram suspeitas. Acabamos assumindo, equivocadamente, uma responsabilidade pela partida. Cobramo-nos em demasia, sem complacência com nossas imperfeições.

Há uma fantasia onipotente de que poderíamos ter evitado o fim. Não temos como atrasar o relógio das fatalidades. Nada que você fizesse iria alterar o curso das horas cruciais. Se aparecesse de repente, um pouco antes do desenlace, ainda assim a história se repetiria com uma alteração quase imperceptível de detalhes.

Quando perdemos um ente querido, andamos descalços na dor. Uma agulha extraviada no chão fere.

Mas é uma agulha. Só uma agulha. Nunca deixará de ser apenas uma agulha.

Você não atendeu a um telefonema. Você desmarcou um encontro. Você faltou na semana do imprevisível adeus.

Não faça isso consigo mesmo. Perdoe-se.

Não havia como imaginar o que aconteceria nem como aconteceria.

A pessoa sabe do principal: você a amou.

Os falecidos enxergam a verdade dos nossos sentimentos.

Deixe a sua culpa ir.

Fique com a saudade.

A saudade ensina.

Eu compreendo a avalanche da dor.

No luto, uma pedrinha do alto da montanha é capaz de ocasionar os mais velozes deslizamentos e nos soterrar.

Basta uma recordação ruim — e nos enxergamos culpados pela convivência inteira.

Não conseguimos isolá-la.

São consequências naturais da perda.

Porque, pela primeira vez, você tem que pensar pelo outro. Pela primeira vez, você tem que ser o outro.

Não é força de expressão.

Antes, você perguntaria facilmente qualquer coisa para a pessoa presente; agora, deve imaginar as respostas e decidir o futuro de acordo com tudo o que conheceu daquele passado.

Desde o funeral, é obrigado a adivinhar de qual caixão a pessoa gostaria, por qual arranjo de flores optaria.

Tem que vestir o finado.

Tem que eleger peça por peça de sua despedida.

Tem que chamar seus contatos frequentes.

Entender quem lhe apeteceria que estivesse presente.

Na partida — sem ensaio, sem treino, subitamente —, você precisa substituir o seu afeto, ocupar a mente dele, tentando conjecturar quais seriam as suas escolhas.

Dispõe apenas de ecos da intimidade, de flashes da memória em comum, para sondar a melhor alternativa.

Como nem todas as últimas vontades são declaradas, você procura se lembrar dos seus gostos, puxando características pessoais de fragmentos, testemunhos, rascunhos.

Assim recorda e sofre, sofre e recorda no calor das pegadas.

Cenas vêm à tona: detalhes, sutilezas, minúcias que você nem desfrutava de consciência de que havia vivido.

De repente, emerge à superfície uma conversa sobre o quanto o ente querido se alegrava com a simplicidade das flores de campo — mais do que com a realeza das rosas, mais do que com a loucura dos girassóis.

Emerge à superfície seu pendor aos incensos e velas aromáticas.

Você passa a montar a cerimônia do desfecho, juntando os pormenores de suas preferências, da música à decoração.

Só que esse processo não termina no enterro.

Será estendido pelo resto dos seus dias.

Assumirá um cargo na dor, uma nova responsabilidade no sofrimento.

Você se tornará o representante oficial da saudade de alguém perante os demais.

Buscará deduzir o que o falecido faria se estivesse vivo.

Que atitude tomaria? À direita ou à esquerda? Vermelho ou azul? Amargo ou doce?

Serão pareceres a todo momento, a toda hora.

Não há como pedir ajuda.

Para quem doar os pertences? Quem fica com o quê?

Existirá um grau de subjetividade que atordoará as mais inócuas definições — porque você jamais saberá se está realmente acertando.

Como os mortos não mudam de opinião, restará arriscar, respeitando um padrão de comportamento, recuperando andanças e dizeres lado a lado.

Em qual cemitério ele desejaria repousar?

Terra ou cinzas?

Se cinzas, onde depositá-las?

Se lápide, o que escrever em homenagem?

Habitará o juízo alheio.

É um lugar desconfortável — mas também é uma forma de se amar mediante um segundo olhar.

Um olhar agora de fora.

Não se culpe pelas discordâncias que teve com alguém próximo que morreu.

Poderá sempre socorrê-lo lembrando-se dele.

Deixe ir.

Você dará conta do legado.

O que mais buscamos, no fim das contas, é ser vistos. Ser reconhecidos.

Os conselhos são até dispensáveis. O que nos tranquiliza é alguém nos escutando com cuidado e cautela, com dedicação e zelo. Jamais subestimando o que estamos sentindo, ainda que sejam impressões.

Quando criança, eu esperava o instante em que teria peso suficiente para a porta automática do shopping se abrir para mim.

Corria na frente da mãe no estacionamento, para testar o dispositivo.

Pulava no capacho de entrada, ansioso para crescer, com inveja daqueles que mal se aproximavam e a porta já se escancarava.

Queria caminhar sozinho, sem autorização nem escolta.

Atravessar aquele portal era, para mim, o início da emancipação. Acreditava que uma criança só amadurecia após transpor a porta do shopping.

Escutar é um pouco isso. Você não entra na angústia do outro, apenas fica perto, do lado de fora. Na diafaneidade do vidro.

Existe um limite apesar da transparência. Sente-se a presença, mas não se toma o lugar.

É um dos momentos mais incômodos e perturbadores. Sentir e não poder resolver. Sentir e não poder fazer nada.

Você pode ouvir. Não pode falar por ele.

Viver de verdade, viver com independência, é ser uma criança grande. Uma criança adulta. Sem a mão dos pais.

É ter o prazer esquisito de estar sozinho para escolher quem realmente oferece ajuda.

Minha avó materna se refugiava na máquina de costura de tardezinha. No quartinho dos fundos de sua casa, em Guaporé.

Era uma das poucas atividades em que ficava absolutamente calada.

Ao cozinhar, conversava. Ao varrer, cantava. Ao costurar, emudecia.

A solitude é esse silêncio. Quando nenhuma roupa pré-fabricada nos serve.

E precisamos costurar nossas próprias roupas, nossos próprios pensamentos, nossas próprias ideias.

Aquilo que as pessoas dizem a nosso respeito — os rótulos, os preconceitos — não serve para nós.

Nossa personalidade é fora do padrão.

Tornamo-nos alfaiates de nós mesmos, com a máquina de costura interior sempre trabalhando.

Só você sabe por onde vai a linha por dentro, num trabalho secreto e pessoal.

Nada se iguala à sinfonia da agulha cerzindo, da sua biografia sendo feita sob medida: parando. Voltando. Tentando. Ajustando. Conhecendo gente. Descobrindo os seus prazeres.

Respeitando as suas desilusões. A roldana sendo girada para prensar o tecido e enfim soltá-lo, pronto para vestir.

Você se costura por dentro. Os obstáculos são desafios para ter mais noção e discernimento do que lhe apetece.

Quando minha avó costurava, eu gostava de me sentar embaixo da mesinha. No espaço apertado dos seus chinelos.

Às vezes, ela fazia carinho nos meus cabelos.

Permanecia uma eternidade naquele esconderijo, atento aos rompantes sonoros, aos ganchos de metal.

Repartia com ela o que há de mais precioso numa amizade: o silêncio da companhia.

Seguir junto, quieto, sem necessidade de palavras para amar.

Hoje, nem preciso que minha avó esteja viva para amá-la.

Eu vivo para me costurar. Ninguém é capaz de notar as costuras internas. Aparento ser um pano inteiro, sem dobras.

A vida é dificilmente linda.

Se não fosse difícil, não seria linda.

Só parece curta porque percebemos as dádivas exclusivamente quando estamos apaixonados por alguém ou por algo: uma companhia amorosa, um filho, um trabalho, uma viagem.

Terminamos por desprezar e desmerecer grande parte da beleza das casualidades.

Não desfrutamos da exuberância das sutilezas.

Da vibração das coincidências.

Não aproveitamos o manancial interior — aquela sensação de leveza, de emparelhamento com o destino.

Não nos maravilhamos, não nos surpreendemos, não reparamos na floração das árvores e nos gestos puros e engraçados das crianças.

Não identificamos o novo brotando do meio da multidão.

Delegamos a responsabilidade a um outro pelo nosso enamoramento.

Dependemos de uma pessoa para experimentar esse superpoder, que fica adormecido longamente em nossa história.

Não nos achamos bonitos com frequência, não nos achamos atraentes com constância.

O fato é que somos pouco apaixonados por nós mesmos.

Se o despertar fosse por nós, pela nossa própria personalidade, não haveria tempo perdido.

Resgataríamos o nosso dom, que somente é explorado a partir de terceiros.

A crueldade se infiltra na rotina, e não nos permitimos as descobertas.

Permanecemos no mesmo lugar conhecido, ainda que não seja nosso lugar predileto, justamente porque nos falta paixão.

Quem tem paixão tem também coragem, iniciativa, curiosidade.

Os dias nunca serão iguais.

Existe a disponibilidade para se aventurar.

Se você está apaixonado por quem quer que seja, não medita sobre as consequências, não pesa os contras.

Contudo, por você — só por você —, jamais trocaria seus hábitos e conforto.

Não se arriscaria a fazer algo diferente.

Daí eu penso que raramente observamos a riqueza de nossa matéria apaixonada.

Pois não é uma questão de olhar, mas de sentir.

Sentimos precariamente, esparsamente; não nos dedicamos com afinco a estudar o nosso comportamento e afinar as nossas virtudes.

Não se trata de atentar mais para o entorno, para os lados — mas de dar mais chance para o nosso interior.

Por que, nos momentos mais profundos da nossa existência, fechamos os olhos?

Quando beijamos quem amamos, fechamos os olhos.

Quando rezamos, fechamos os olhos.

Quando cantamos uma música significativa, fechamos os olhos.

Ou seja, nos instantes de maior emoção, em vez de abrir os olhos e enxergar o que está ocorrendo, preferimos não ver nada.

Para unicamente sentir.

Sentir a pulsação desordenada e caótica da vida.

Fechar os olhos é a prova de que você se entregou ao momento.

É quando você está inteiramente presente.

É quando você confia de verdade.

É quando você finalmente se escuta.

No fundo, nascemos para sonhar.

Então, fechamos os olhos — para celebrar o autoencontro.

Sobre o autor

Carpinejar nasceu em 1972, na cidade de Caxias do Sul (RS). Publicou cinquenta e três livros entre poesia, crônicas, infanto-juvenis e reportagem. É detentor de mais de vinte prêmios literários. Dentre eles, o Jabuti, por duas vezes, o da Associação Paulista de Críticos de Arte e o Olavo Bilac, da Academia Brasileira de Letras. É colunista diário do jornal *Zero Hora,* semanal do jornal *O Tempo* e comentarista da Rádio Gaúcha.

Site: fabriciocarpinejar.com.br
Instagram: @carpinejar
Facebook: /carpinejar

X: @carpinejar
Threads: @carpinejar
YouTube: Vem Carpinejar
E-mail: carpinejar@terra.com.br
TikTok: @carpinejar

Este livro foi composto na tipografia Palatino,
em corpo 13,5/18,5, e impresso em
papel off-white no Sistema Cameron da
Divisão Gráfica da Distribuidora Record.